まちごとチャイナ

Hong Kong 003 Sheungwan
上環と香港島南岸

「香港のはじまり」と黎明期

Asia City Guide Production

【白地図】香港

CHINA
香港

【白地図】香港中心部

CHINA
香港

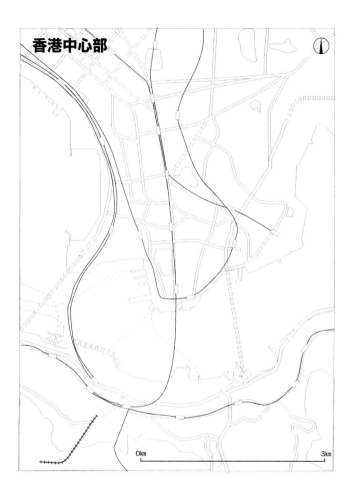

【白地図】ションワン上環

CHINA
香港

ションワン
上環

Sheungwan

白地図

【白地図】ハリウッド・ロード荷李活道

CHINA
香港

【白地図】サイインプン西營盤

サイインプン
西營盤

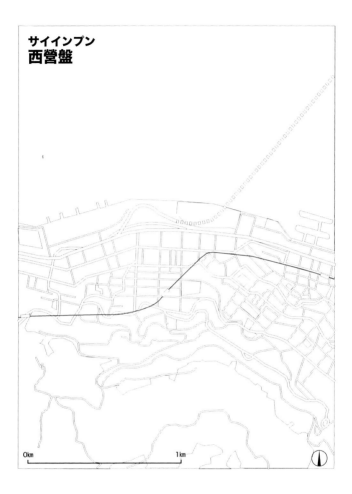

Sheungwan 白地図

【白地図】香港島西部

CHINA
香港

香港島西部

Sheungwan 白地図

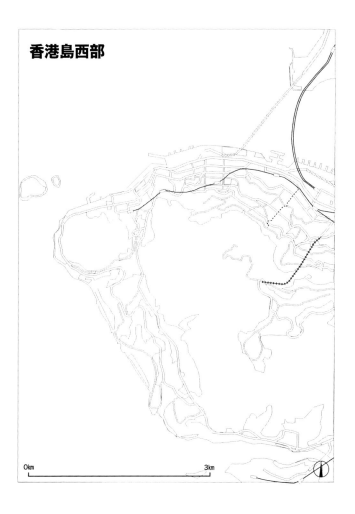

【白地図】香港島南岸

CHINA
香港

【白地図】アバディーン香港仔

CHINA
香港

【白地図】オーシャン・パーク香港 香港海洋公園

CHINA
香港

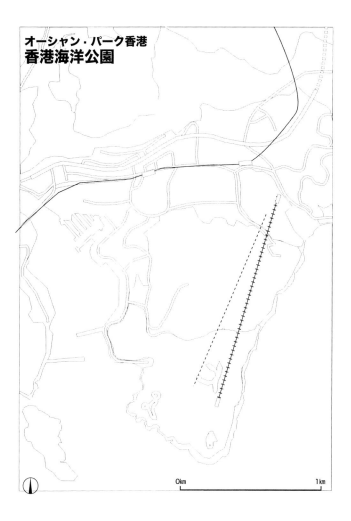

【白地図】レパルス・ベイ淺水灣

CHINA
香港

【白地図】スタンレー赤柱

CHINA
香港

【まちごとチャイナ】
香港 001 はじめての香港
香港 002 中環と香港島北岸
香港 003 上環と香港島南岸
香港 004 尖沙咀と九龍市街
香港 005 九龍城と九龍郊外
香港 006 新界
香港 007 ランタオ島と島嶼部

CHINA
香港

古く、さびれた半農半漁の漁村がたたずむだけだった香港島。19世紀に中国との交易拡大を求めるイギリスがこの島を訪れ、地元の水上居民に島の名前を尋ねると、原住民は香港島南部の地名「香港仔」を地元の音で「ヒョンコン」と伝え、この地名が定着するようになったという。

当時、香港島の人口はわずか7000人に過ぎず、もっとも大きな集落があったのが島南東部の赤柱で、水上生活者の姿も多かったと言われる。赤柱や香港仔といった南部のほうに人が多く住んでいたことからも、この島の人々が南海に面した

「香港のはじまり」と黎明期 Sheung Wan 上環ションワン

場所で漁労生活を営んでいたことがうかがえる。

1842年に香港島は割譲され、当初、イギリスは赤柱を香港統治の中心に考えていたが、結局、香港島北岸の中環に総督府がおかれることになった。そして、その周囲の灣仔や上環に中国人街がつくられ、上環は香港黎明期から労働者や商人でにぎわっていた。そのような歴史から、現在でも上環には古い時代の香港の匂いや文化が息づき、南海へ続く香港島南岸では美しい海岸線を見ることができる。

【まちごとチャイナ】

香港 003 上環と香港島南岸

目次

上環と香港島南岸	xxiv
国際都市への胎動	xxx
上環城市案内	xxxvii
西營盤城市案内	lviii
香港仔城市案内	lxxiv
海洋公園城市案内	lxxxi
淺水灣城市案内	lxxxvi
赤柱城市案内	xciii
大潭城市案内	cii
日本と香港の近代	cv

【MEMO】

【地図】香港

【地図】香港の [★★★]
- ☐ 上環 Sheung Wan ションワン

【地図】香港の [★★☆]
- ☐ 香港仔 Aberdeen アバディーン
- ☐ 香港海洋公園 Ocean Park Hong Kong オーシャン・パーク香港
- ☐ 淺水灣 Repulse Bay レパルス・ベイ
- ☐ 赤柱 Stanley スタンレー

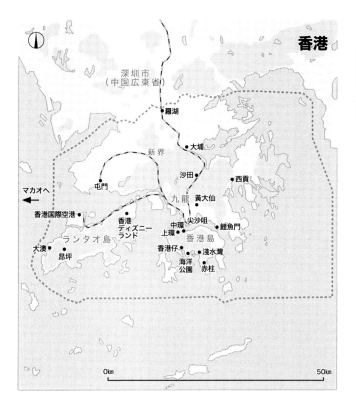

国際都市への胎動

CHINA
香港

九龍半島の先に浮かぶ香港島
イギリスは広州にほど近いこの島を獲得し
優れた港湾能力をもつ香港の開発がはじまった

イギリス占領時の香港

19世紀、茶の貿易赤字を埋めるため、中国にアヘンをもち込んだイギリス。このアヘンのとり締まりを進める清朝とイギリスのあいだでアヘン戦争が起こり、イギリスに敗れた清朝は1842年の南京条約で香港島の割譲を認めた。当時、香港島は半農半漁の村が点在するだけのさびれた島で、香港島に4350人、香港仔などで水上生活者が2000人、九龍半島先端部に300人と、あわせて7000人ほどの住民がいるに過ぎなかった。この住民7000人のうち2000人が香港島南東部の赤柱に暮らしていたことから、当初は北岸の中環ではなく、

▲左　上環で見た書画に向かう男性。　▲右　毛沢東の像が売られている、摩羅上街にて

こちらに総督府を築くことが検討されていたという。

水上生活民

島の名前を尋ねてきたイギリス人に、「ヒョンコン（香港）」と答えたのは水上生活者だったと伝えられる。かつて水上生活者は、東南アジアから東アジア全域に広く分布し、水上家屋に暮らしながら漁業などを行なっていた（日本の海女との関係も指摘される）。中国でも、かつて広東省から福建省にわたって、広い地域で水上生活者が暮らし、広東語や福建語といった各々の母語をもっていた。20世紀のなかごろから、陸上に定住化

するようになり、社会への参画も進んでいる。香港仔は20世紀後半まで多くの水上生活者が見られたところで、またランタオ島の大澳では現在でも水上家屋を見ることができる。

黎明期の香港

1842年以降、イギリス主導で香港島北岸を中心に街づくりが進められた香港。行政の中心は中環におかれ、その外側の灣仔と上環に中国人居住区がつくられた（イギリス人は跑馬地、半山區など、標高の高い場所に住んだ）。やがて仕事を求めて中国人が流入し、灣仔と上環のほか、九龍半島にも中

▲左　大きな漢字で駅名を記す香港の地下鉄。　▲右　最初の香港住人は水上居民だった

国人集落が見られるようになった。こうした事情から、上環は黎明期の香港の雰囲気を伝えると言われ、かつて南北行（香港を起点に北や南に向かう商人）と呼ばれる商人が拠点を構えていた。そこでのもっとも重要な商品は「苦力（クーリー）」と呼ばれる中国人肉体労働者で、ゴールドラッシュの工事や大陸横断鉄道に必要な労働力となった（19世紀後半に黒人奴隷が禁止されると、中国人やインド人がその代わりとなった）。中国の権限がおよばない香港は苦力輸出の拠点となり、その地理から珠江デルタ西岸の四邑出身者が多く華僑となった経緯がある。

【地図】香港中心部

【地図】香港中心部の [★★★]
- [ ] 上環 Sheung Wan ションワン

【地図】香港中心部の [★★☆]
- [ ] 西營盤 Sai Ying Pun サイインプン

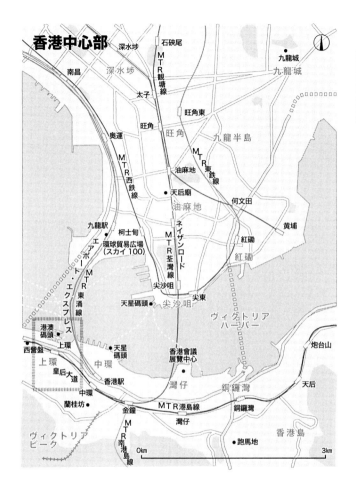

Sheungwan 国際都市への胎動

【MEMO】

**Guide,
Sheung Wan**
上環
城市案內

中環の西側に位置する上環

古い香港の街並みを伝え

印章を扱う店や蛇問屋の姿を見ることができる

上環 Sheung Wan ションワン ［★★★］

19世紀に香港の開発がはじまったころ、中国人が住み着いたのがイギリス人の暮らす中環に隣接する上環で、現在でも古い香港の面影を伝える（香港開発にともなって、周辺から中国人が流入し、文武廟と東華医院を中心にして中国人街が形成された）。東西に走る荷李活道の両脇には、細い路地が入り組み、20世紀なかごろまでは広東歌劇を演じる劇場、賭博場や売春宿などが軒を連ねていたという。現在でも、骨董品店や漢方薬店などが軒を連ねる。

【地図】ションワン上環の [★★★]
- [ ] 上環 Sheung Wan ションワン
- [ ] 摩羅上街 Cat Street キャット・ストリート

【地図】ションワン上環の [★★☆]
- [ ] 文鹹街 Bonham Strand マンハムガイ
- [ ] 荷李活道 Hollywood Road ハリウッド・ロード
- [ ] 文武廟 Man Mo Temple マンモウミュウ
- [ ] 樓梯街 Ladder Street ラダー・ストリート

【地図】ションワン上環の [★☆☆]
- [ ] 文華里 Man Wa Lane マンワーレイ
- [ ] 禧利街 Hillier Street ヘイレイ・ストリート
- [ ] 西港城 Western Market ウエスタン・マーケット

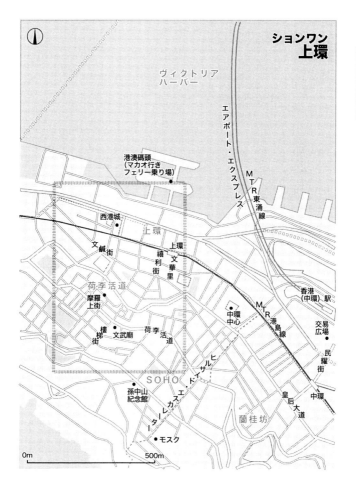

【地図】ハリウッド・ロード荷李活道

【地図】ハリウッド・ロード荷李活道の [★★★]
- [ ] 上環 Sheung Wan ションワン
- [ ] 摩羅上街 Cat Street キャット・ストリート

【地図】ハリウッド・ロード荷李活道の [★★☆]
- [ ] 文鹹街 Bonham Strand マンハムガイ
- [ ] 荷李活道 Hollywood Road ハリウッド・ロード
- [ ] 文武廟 Man Mo Temple マンモウミュウ
- [ ] 樓梯街 Ladder Street ラダー・ストリート

【地図】ハリウッド・ロード荷李活道の [★☆☆]
- [ ] 文華里 Man Wa Lane マンワーレイ
- [ ] 禧利街 Hillier Street ヘイレイ・ストリート
- [ ] 西港城 Western Market ウエスタン・マーケット
- [ ] 香港中華基督教青年會 YMCA 香港中華キリスト教青年会
- [ ] 香港醫學博物館 Hong Kong Museum of Medical Sciences メディカル・サイエンス博物館
- [ ] 水坑口 Possession Point ポゼッション・ポイント
- [ ] 荷李活道公園 Hollywood Road Park ハリウッド・ロード・パーク
- [ ] 太平山街 Tai Pin Shan Street タイピンシャン・ストリート
- [ ] 德輔道 Des Voeux Road タッポウ・ロード

香港

文華里 Man Wa Lane マンワーレイ ［★☆☆］

上環駅から南に走る細い通り文華里には、印章や印鑑、名刺印刷などを扱う店がならぶ。中国では古くから手紙や書に添える印章、印鑑の文化が発達し、それにともなってさまざまな書体が生み出されてきた。ここでは石と書体を選んで、印鑑を彫ることができる。

禧利街 Hillier Street ヘイレイ・ストリート ［★☆☆］

禧利街は香港黎明期から上環の繁華街として知られていた通りで、古くは蛇を扱う店がならんでいた。現在は漢方薬店な

▲左　突き出した看板の香港らしさ。　▲右　細い路地に店がならぶ、上環駅近くの文華里

どが店を構えている。

文鹹街 Bonham Strand マンハムガイ ［★★☆］

文咸街は上環の昔ながらの風景を伝える通りのひとつで、東街と西街からなる。朝鮮人参などの漢方を扱う店や蛇問屋などがならぶ。このあたりでは、19世紀の香港黎明期から南北行（タイやマレーシアといった南、北京や上海といった北との貿易を行なった商人）が拠点を構えていた。

西港城 Western Market ウエスタン・マーケット ［★☆☆］
ウエスタン・マーケットの愛称で知られる西港城。1906年に建てられた赤レンガのヴィクトリア様式の建物が改修され、複合商業施設として転用されている。

摩羅上街 Cat Street キャット・ストリート ［★★★］
全長150mほどの細い路地に露店が続くがらくた市、摩羅上街。キャット・ストリートの愛称で知られ、「ネズミのようにとるに足らぬものを追いかける猫」という意味から名づけられた。清朝時代の名品から陳腐な品まで多種多様な骨董品がならぶ。

▲左 「行」は企業の単位のことで銀行といった言葉で残っている　▲右 キャット・ストリートこと摩羅上街

インド人警備

キャット・ストリートの正式名称は摩羅上街で、摩羅とは香港に暮らすインド人を意味していた。イギリス植民地時代、恰幅のよいインド人（とくにシク教徒）は、各地のイギリス領で警官や軍人として任務にあたった。香港がイギリス領だった19世紀、香港警察（中區警署）の宿舎はこのあたりにあり、多くのインド（摩羅）人が暮らしていた。1857年の移転で宿舎は他の地域へ移ったが、インド人をさす摩羅という名前だけは残って現在にいたる。

CHINA
香港

荷李活道 Hollywood Road ハリウッド・ロード［★★☆］
上環と中環を東西に結び、骨董品や雑貨などを扱う店がならぶ荷李活道。イギリス領時代のコロニアル様式を伝える前中區警署（旧中環地区警察署）や「文の神」文昌帝と「武の神」関羽を祀る文武廟も残る。ハリウッドという名前は、ヒイラギの木があったことに由来するという（お洒落なショップやバーが軒を連ねるSOHOやNOHOといった地域へも近い）。

▲左　緑色の瓦でふかれている文武廟の外観。　▲右　文武廟内部、線香の香りがたち込める

文武廟 Man Mo Temple マンモウミュウ ［★★☆］

上環の文武廟は、香港でもっとも古い道教寺院。学問の神様である「文昌帝君」と武勇に優れた「関帝（三国時代に活躍した関羽が神格化された）」がまつられている。イギリス人が香港の開発をはじめた1840年代からの伝統をもち、中国人の信仰の拠りどころとなってきた。文の象徴である「筆」と武の象徴である「剣」をさすってご利益を願う人々の姿が見られる。

▲左　ハリウッドという名前はヒイラギの木に由来する。　▲右　ヴィクトリア・ピーク山腹へ伸びる階段

樓梯街 Ladder Street ラダー・ストリート [★★☆]

長さ350m、315段の階段がヴィクトリア・ピークの中腹まで続く樓梯街。英語名のラダーとは階段を意味し、通りの下部と上部では標高差は100mにもなる。うえに登るにつれ徐々に視界が開け、美しい景色が見られる。

香港中華基督教青年會 YMCA 香港中華キリスト教青年会 [★☆☆]

文武廟の向かいの高台に位置する香港中華基督教青年會。この建物は1924年に建てられ、赤レンガの印象的な外観をもつ。1927年、香港を訪れた魯迅がここで講演を行なったこ

【MEMO】

とでも知られる。

香港醫學博物館 Hong Kong Museum of Medical Sciences
メディカル・サイエンス博物館 [★☆☆]

赤レンガの外観をもつ香港醫學博物館。イギリス統治下の香港では早くから西洋医学がとり入れられ、腫瘍や疾患などの治療がされてきた。この博物館では中国で伝統的に行なわれた纏足や、北里柴三郎が香港で発見したペスト菌など香港の医学にまつわる展示が見られる。もともと香港微生物研究所がおかれていたが、博物館として開館した。

▲左　香港中華基督教青年會、赤のレンガが印象的。　▲右　両脇に商店がならぶ階段状の通り

人々に医療を、東華醫院

上環には、1872年から病気に苦しむ中国人に無料で医療を施す慈善事業を行なっていた東華醫院（東洋医学の病院で、費用は寄付などでまかなわれた）があった。このあたりには中国人の有力者が暮らしていたため、単なる病院にとどまらず、中国人社会の自治機能も備えていた。現在も東華三院文物館（九龍）でその歴史を語る展示が見られる。

CHINA
香港

孫中山紀念館
Dr.Sun Yat-sen Museum 孫中山記念館 [★★☆]

1866年、香港からほど近い広東省香山県に生まれた「中国革命の父」孫文（1911年の辛亥革命を指導し、2000年以上続く中国の王朝を打倒した）。イギリス統治下の香港は、孫文が青年時代を過ごし、先進的な学問を学んだ場所で、ここで中国変革の必要性を感じたという。イギリス人の邸宅として1914年に建てられた建物が、孫中山紀念館に転用され、孫文ゆかりの品々が展示されている。

▲左　香港で革命を学んだという孫文。　▲右　色とりどりの提灯がならぶ

香港と孫文

広東省香山県に生まれた孫文は、香港で青年時代を過ごし、1892年に西医書院（1913年に香港大學医学部になった）を卒業した後、医者としてマカオに赴任している。当時、イギリス領であった香港には、西欧の進んだ思想や技術が導入され、他の中国とは異なる先進的な気風が見られた。アヘン戦争以後、急速な発展を遂げた香港に比べ、旧態依然として変わらない中国の状況が、孫文の革命を志す原動力のひとつになったと考えられる（孫文は「どこで革命を学んだか」という質問に「香港で」と答えている）。またいち早く明治維新

で近代化に成功した日本に多くの中国人が留学し、孫文、蒋介石、周恩来らが日本留学組として知られる。

水坑口 Possession Point ポゼッション・ポイント [★☆☆]
水坑口はアヘン戦争さなかの1841年1月26日、イギリス軍を率いるブレーマーが香港島に上陸した地点。当時、海岸の端にあったこの地にユニオン・ジャックがかかげられ、「占領」を意味するポゼッションと名づけられた。イギリス軍はここに駐屯を続け、1842年の南京条約で香港はイギリスに割譲された。

▲左 香港人のエネルギーの源でもあるヘビを扱う店。 ▲右 ウエスタン・マーケットこと西港城

荷李活道公園 Hollywood Road Park
ハリウッド・ロード・パーク ［★☆☆］

荷李活道に面した上環西部に位置する荷李活道公園。1841年にイギリス軍が香港に上陸したとき、軍営地がこのあたりにおかれていて、公園内には古い時代の香港の写真が飾られている（やがて軍営地は中環に移った）。現在は静かな公園となっているが、ときおり骨董品市が開かれる。

CHINA
香港

太平山街
Tai Pin Shan Street タイピンシャン・ストリート [★☆☆]
荷李活道の南側を東西に走る太平山街。19世紀に建てられた広福義祠、観音堂などの建物が見られる。

德輔道 Des Voeux Road タッポウ・ロード [★☆☆]
上環から西の西營盤へと続く德輔道。埋め立てがすすむ前は海岸線があったところで、陸揚げされた海産物を扱う店が見られる。貝柱、昆布、アワビやフカヒレなど広東料理を代表する食材がならび、キロ単位での売買がされている。

Guide, Sai Ying Pun
西營盤城市案内

CHINA 香港

上環の西に位置する西營盤
ヴィクトリア・ハーバーに面することから
海産物問屋が多く見られる

西營盤 Sai Ying Pun サイインプン [★★☆]

香港島北岸の西側に位置する西營盤。イギリスが香港島北岸に上陸したとき、この地に軍営を構えたことから、西營盤と名づけられたという（また18世紀後半から19世紀初頭に南シナ海を荒らした海賊、張保仔の根拠地があった場所とも言う）。碁盤の目状に街並みが広がり、貝柱、昆布、アワビ、フカヒレなどの食材を扱う店がならぶ。

西營盤城市案内 Sheungwan

正街 Centre Street セントラル・ストリート［★☆☆］

急勾配の坂のような細い一本道が南北に伸びる正街。西營盤を代表する通りで、香港でもっとも急だ言われる勾配をもつ。正街を歩けば、さま変わりしていくヴィクトリア・ハーバーの風景が見られる。

東邊街 Eastern Street イースタン・ストリート［★☆☆］

正街の東側を走る東邊街。このあたりは香港黎明期に漁村があったところで、村人は半農半漁の生活を送っていた。

【地図】サイインプン西營盤

【地図】サイインプン西營盤の [★★☆]
- ☐ 西營盤 Sai Ying Pun サイインプン

【地図】サイインプン西營盤の [★☆☆]
- ☐ 正街 Centre Street セントラル・ストリート
- ☐ 東邊街 Eastern Street イースタン・ストリート
- ☐ 香港大學 University of Hong Kong 香港大学
- ☐ 香港大學美術博物館
  The University Museum and Art Gallery 香港大学美術博物館

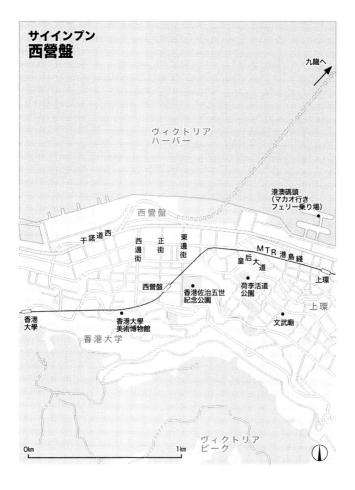

香港

香港大學 University of Hong Kong 香港大学 [★☆☆]

香港の最高学府で、アジア有数の名門大学として知られる香港大学。孫文が学んだ香港医学院を原型に、イギリス統治下の1912年に開校した。中国人エリートを育てる目的で教育、研究が行なわれ、カリキュラムも英語で行なわれてきた。イギリス植民地下では、このような教育機関をつくられることがめずらしくなく、それはイギリス統治の評価される一面だと言われる。

▲左　海産物を扱う店、西營盤らしい光景。　▲右　人、ものが往来する路地

香港大學美術博物館 The University Museum and Art Gallery
香港大学美術博物館　[★☆☆]

香港大学が収蔵するコレクションを展示する香港大学美術博物館。青銅器のコレクションはじめ、彫刻、陶器、書画などがテーマ別にならんでいる。また併設されている博寮茶座では、お茶を飲むことができる。

堅尼地城 Kennedy Town ケネディ・タウン　[★☆☆]

香港島北岸の最西部に位置する堅尼地城。香港島を東西に走るトラムの西の終点で、街の名前は第7代香港総督からとら

れている。

摩星嶺 Mt. Davis マウント・デービス [★☆☆]
香港島北岸の西端にあたり、ランタオ島など香港の島嶼部がのぞめる摩星嶺。標高は269mだが、美しい山姿を見せ、ここはヴィクトリア・ピークから降りてくる龍脈のひとつがたまる場所だと考えられる（風水上とてもよい場所だとされる）。「摩」の発音は、「望」と似ていて、住民が夜に空を眺めたことから、摩星嶺という名前がつけられたという。

【MEMO】

薄扶林道 Pok Fu Lam Road ボッフーラム・ロード [★☆☆]

西營盤から南部に向かって香港島西部を走る薄扶林道。北岸と南岸の交通の利がそれほどよくない香港島にあって、その経路のひとつとなっている。この通りの西には、美しい島嶼部が見える。

▲左　上環から西にかけては古い街並みが見られる。　▲右　亜熱帯性の気候から緑が豊かな香港

薄扶林 Pok Fu Lam ポクフラム ［★☆☆］

香港島西側のエリア、薄扶林。もともとは名前が示すように林が広がっていたが、現在は高層ビルが立ちならんでいる。またヴィクトリア・ピークの西側には、薄扶林郊野公園が広がっており、開発の進んだ海岸部では見られない自然が残っている。

【地図】香港島西部

【地図】香港島西部の [★★★]
- [ ] 上環 Sheung Wan ションワン

【地図】香港島西部の [★★☆]
- [ ] 香港仔 Aberdeen アバディーン
- [ ] 西營盤 Sai Ying Pun サイインプン

【地図】香港島西部の [★☆☆]
- [ ] 堅尼地城 Kennedy Town ケネディ・タウン
- [ ] 摩星嶺 Mt. Davis マウント・デービス
- [ ] 薄扶林道 Pok Fu Lam Road ポッフーラム・ロード
- [ ] 薄扶林 Pok Fu Lam ポクフラム
- [ ] 瀑布灣 Waterfall Bay ウォーターフォール・ベイ
- [ ] 數碼港 Cyberport サイバーポート
- [ ] 香港大學 University of Hong Kong 香港大学

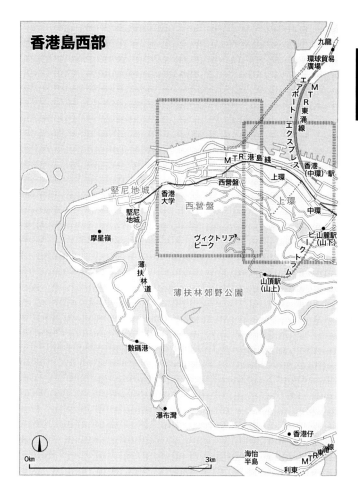

【MEMO】

【地図】香港島南岸

【地図】香港島南岸の ［★★☆］
- ☐ 香港仔 Aberdeen アバディーン
- ☐ 香港海洋公園 Ocean Park Hong Kong オーシャン・パーク香港
- ☐ 淺水灣 Repulse Bay レパルス・ベイ
- ☐ 赤柱 Stanley スタンレー

【地図】香港島南岸の ［★☆☆］
- ☐ 鴨脷洲 Ap Lei Chau アプレイチャウ
- ☐ 深水灣 Deep Water Bay ディープウォーター・ベイ
- ☐ 香港懲教博物館 Stanley Prison スタンレープリズン
- ☐ 赤柱炮臺 Stanley Battery スタンレー・フォート
- ☐ 蒲臺島 Po Toi Island ポートイドウ
- ☐ 大潭灣 Tai Tam Bay タイタムワン
- ☐ 石澳 Shek O セッオウ
- ☐ 大潭 Tai Tam タイタム
- ☐ 黃泥涌水塘公園 Wong Nai Chung Reservoir Park ウォンナイチュン・レザボア・パーク

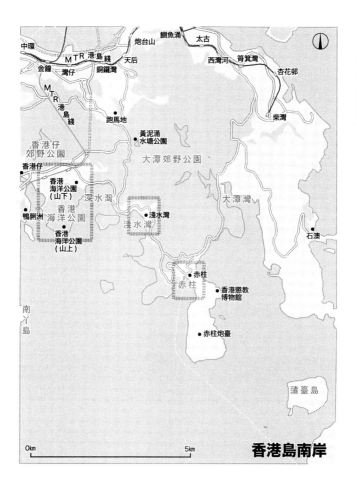

Guide, Aberdeen
香港仔城市案内

かつて水上生活者が多く見られた香港仔
今では超高層ビルが立ちならび
観光客の姿も多い

香港仔 Aberdeen アバディーン [★★☆]

中環のちょうど南側にあたる香港仔は、19世紀のイギリス来訪以前から水上生活者の集落があったところとして知られる。香港という地名は、ここ香港仔に由来するという説も伝えられる(「あの島はなんという名前か?」と尋ねたイギリス人に、香港仔を指して「香港」と水上生活者が答えたという)。かつてこの香港仔の岸辺は水上生活者の船やジャンクで埋まり、漁業、養殖業、水上運送業などイギリス統治以前の香港の生活が見られる数少ない場所であった。現在では、高層ビル群がならぶなど開発が進み、香港仔はさま変わりしている。

香港仔郊野公園 Aberdeen Country Park
アバディーン・カントリーパーク [★☆☆]

香港仔の北側、香港島中央付近の丘陵一帯は香港仔郊野公園に指定されている。公園内には香港島の貴重な水源である上水塘、下水塘が位置する。

鴨脷洲 Ap Lei Chau アプレイチャウ [★☆☆]

香港仔の対岸に位置する鴨脷洲。もともと香港島とは異なる離島だったが、その距離の近さから橋で結ばれ、ほとんど香港島の一部となっている。この島の北岸では高層ビルが林立

【地図】アバディーン香港仔

【地図】アバディーン香港仔の [★★☆]
- ☐ 香港仔 Aberdeen アバディーン

【地図】アバディーン香港仔の [★☆☆]
- ☐ 香港仔郊野公園 Aberdeen Country Park アバディーン・カントリーパーク
- ☐ 鴨脷洲 Ap Lei Chau アプレイチャウ

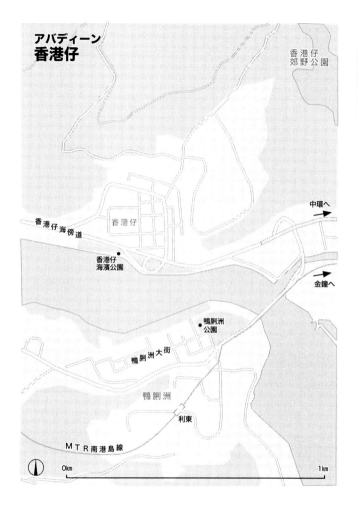

し、舢舨（サンパン）と呼ばれる小型木造船が浮かんでいる。

瀑布灣 Waterfall Bay ウォーターフォール・ベイ [★☆☆]
香港島西南部には、谷間から海に注ぐ大きな瀑布があり、その存在は古くから船乗りや海賊に知られていた。この瀑布は、格好の飲料水の補給地となっていて、1816年7月12日、イギリスのアマースト卿が北京へ向かう途中に、ここで給水したという記録が残っている。

▲左 漁船は即席の店舗に変身する。　▲右　香港では新鮮な海の幸が味わえる

數碼港 Cyberport サイバーポート ［★☆☆］

數碼港は、北岸と比べて開発が遅れていた香港島西南部の地域に、香港政府と民間企業の協力のもと開発されたオフィス街。IT企業の入るオフィスビルやマンションのほかに、巨大ショッピングモールや映画館なども見られる。

【MEMO】

**Guide,
Ocean Park Hong Kong**

海洋公園
城市案内

南海へのぞむ半島に位置し
自然の地形が利用された
テーマパーク香港海洋公園

香港海洋公園
Ocean Park Hong Kong オーシャン・パーク香港 [★★☆]
香港海洋公園は、海や水中生物をモチーフにした香港を代表するテーマパーク。海の山下（ローランド・パーク）と丘の山上（ヘッドランド・パーク）という離れたふたつの地区をロープウェイが結ぶ。園内では、南シナ海に棲息する魚類を中心に、水中生物の生態が観察できるほか、パンダも見られる。海にのぞむ香港の地形が最大限に利用され、観覧車やジェットコースターなどアミューズメント施設も備えている。

【地図】オーシャン・パーク香港香港海洋公園

【地図】オーシャン・パーク香港香港海洋公園の ［★★☆］
- ☐ 香港海洋公園 Ocean Park Hong Kong
  オーシャン・パーク香港

【地図】オーシャン・パーク香港香港海洋公園の ［★☆☆］
- ☐ 深水灣 Deep Water Bay ディープウォーター・ベイ
- ☐ 香港仔郊野公園 Aberdeen Country Park
  アバディーン・カントリーパーク
- ☐ 鴨脷洲 Ap Lei Chau アプレイチャウ

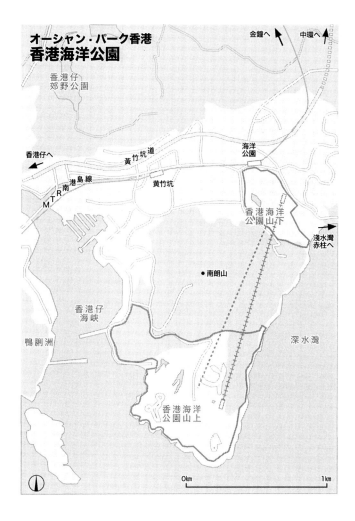

▲左　香港島南岸の風景、入り組んだ入江が見られる。　▲右　ヴィクトリア・ピークから香港南岸をのぞむ

深水灣 Deep Water Bay ディープウォーター・ベイ[★☆☆]

海洋公園東に広がる深水灣。淺水灣と海洋公園のあいだにあり、湾の水深が深いところから深水という名前がつけられた。香港島北岸とは異なる、ゆったりとした時間が流れている。

【MEMO】

Guide, Repulse Bay
淺水灣城市案内

CHINA 香港

山の斜面を利用して建てられた建物
眼前には美しい砂浜が広がる
波が寄せては返す淺水灣

淺水灣 Repulse Bay レパルス・ベイ ［★★☆］

香港島南部の浜辺に面した淺水灣。映画『慕情』の舞台となったザ・ヴェランダの前には美しい白い砂をもつ三日月型のビーチが広がる(イギリス人と香港人のハーフ、ジェニファー・ジョーンズとイギリス人特派員が恋に落ちる物語で、アルフレッド・ニューマン作曲の美しい旋律が全編に流れる)。現在、ザ・ヴェランダは改装され、周囲は高級住宅地になっている。

▲左　浜辺の東側、極彩色で彩られている。　▲右　香港でもっとも美しいビーチが広がる

著名人に愛されたレパルス・ベイ・ホテル

今はレストランとして一部が残るのみだが、かつてレパルス・ベイ・ホテルは、淺水灣の代名詞とも言える高級ホテルだった。1920年に開業し、映画『慕情』の主演ジェニファー・ジョーンズ、ウィリアム・ホールデン、『ゴッドファーザー』のマーロン・ブランド、『第三の男』で知られるオーソン・ウェルズなど数々の名優に愛されていた。第二次大戦中には日本軍施設にもなったという歴史もある。

【地図】レパルス・ベイ淺水灣

【地図】レパルス・ベイ淺水灣の [★★☆]
- ☐ 淺水灣 Repulse Bay レパルス・ベイ

【地図】レパルス・ベイ淺水灣の [★☆☆]
- ☐ 香港拯溺總會 Hong Kong Life Guard Club 香港ライフガード・クラブ
- ☐ 天后廟 Tin Hau Miu ティンハンミュウ
- ☐ 姻緣石 Lover's Rock ヤンユェンンセック

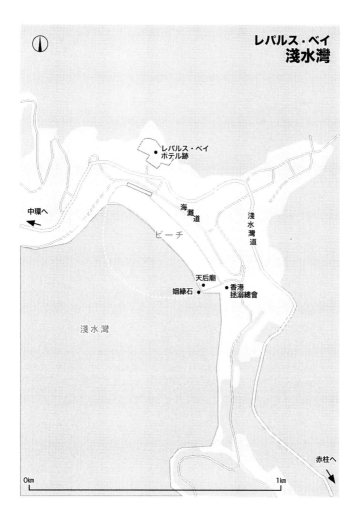

香港

香港拯溺總會 Hong Kong Life Guard Club
香港ライフガード・クラブ［★☆☆］

淺水灣の浜辺の南側に位置する香港拯溺總會。中国の伝統的な建築方式で建てられ、建物内の天井には龍がほどこされている。あたりの水難を防ぐための活動を行なっている。

天后廟 Tin Hau Miu ティンハンミュウ［★☆☆］

淺水灣の砂浜の先に位置する天后廟。香港には天后廟がいくつも見られ、「海の守り神」として信仰を集めている（福建省に実在した巫女が神格化された）。天后像と同じく「海の

▲左 極彩色に彩られた道教の神さま。 ▲右 淺水灣の浜辺、贅沢な時間が流れる

守り神」として知られる観音像も立つ。

姻縁石 Lover's Rock ヤンユェンンセック [★☆☆]

天后廟から海に向かって突き出したところにおかれた黒の姻縁石。この石をなでれば、縁結びの効果があると言われ、近くには正財神の像も立っている。

**Guide,
Stanley**
赤柱
城市案内

西欧人に人気の高い
スタンレー・マーケットで知られる赤柱
古い時代の建築、美利樓も見られる

赤柱 Stanley スタンレー ［★★☆］

香港島南東部の南海に突き出した赤柱半島に位置する赤柱。他の地域にくらべて開発が進んでいないため、亜熱帯の自然や生態系を残し、静かな時間の流れる高級住宅街となっている。この赤柱は19世紀、イギリスが香港島を占領したとき、最大の集落があったところで、当初は北岸の中環ではなく、こちらに総督府が築かれる予定だった。結局、マラリアを避けること、ヴィクトリア・ハーバーの港湾能力が優れていたことから、それはかなわず、長らく刑務所のある街として知られていた（香港の古い文献には赤柱がキャピタルと載って

【地図】スタンレー赤柱の [★★☆]
- [ ] 赤柱 Stanley スタンレー
- [ ] 赤柱大街 Stanley Market スタンレー・マーケット

【地図】スタンレー赤柱の [★☆☆]
- [ ] 天后廟 Tin Hau Miu ティンハンミュウ
- [ ] 美利樓 Murray House マレーハウス

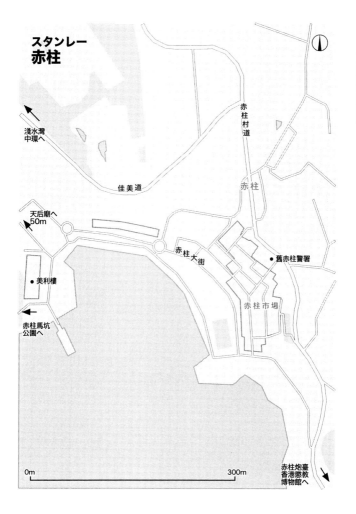

いる)。赤柱という地名は、かつてこの村から科挙の受験に行き、その帰りを「柱に赤い紐を巻きつけて」迎えたところからつけられたというもの、またこの地に自生する花の色にちなむというものがある。

赤柱大街 Stanley Market スタンレー・マーケット［★★☆］
狭い路地の両脇に店がならび、いつもにぎわいが絶えない赤柱大街。スタンレー・マーケットの英語名で知られ、ショッピングや休暇を楽しむ欧米人の姿が多く見られる。この通りの近くを走る赤柱新街や市場道などもにぎわっている。

▲左　欧米人の姿も多い赤柱。　▲右　赤柱漁民娯楽會の建物

天后廟 Tin Hau Miu ティンハウミュウ［★☆☆］

天后は中国東南沿岸部で広く見られる「海の守り神」。赤柱の天后廟は、イギリス領となる前から地元の漁師や船乗りの守り神として信仰を集め、香港でもっとも長い歴史をもつ。乾隆帝の名が入った銅鐘がおかれていることから、18世紀に建立されたと考えられる（香港島割譲が決まった南京条約は1842年）。

美利樓 Murray House マレーハウス［★☆☆］

美利樓は、1846年に建てられたヴィクトリア様式の建築で、

香港黎明期の様子を今に伝える。もともと中環にあり、官庁として利用されていたが、1982年に解体して赤柱に移築された。建物内には香港海事博物館があり、明代に大遠征を行なった鄭和の宝船や、この地を荒しまわった海賊船、イギリス船などの模型が展示されている。

舊赤柱警署
Old Stanley Police Station 旧赤柱警察署 [★☆☆]
1859年に建てられた舊赤柱警署。戦時中には日本軍の軍施設に利用されたという歴史もある。

▲左　買いもの客でにぎわう。　▲右　赤柱大街で見たアイラブホンコンのTシャツ

香港懲教博物館
Stanley Prison スタンレープリズン ［★☆☆］

かつて赤柱監獄として知られた監獄が、香港懲教博物館として一般に公開されている。この監獄はイギリス時代につくられたもので、囚人を収容した部屋などが残っている。

赤柱炮臺 Stanley Battery スタンレー・フォート ［★☆☆］

赤柱半島の南端につくられた赤柱炮臺。ここはイギリスの軍営地がおかれていたところで、防衛のための砲台が備えつけられていた。

香港

蒲臺島 Po Toi Island ポートイドウ ［★☆☆］

赤柱半島の東南に浮かぶ蒲臺島とその周囲の蒲臺群島。静かな南国の島という趣きをしており、新鮮な海鮮料理を出す店も見られる。

大潭灣 Tai Tam Bay タイタムワン ［★☆☆］

赤柱半島と石澳半島のあいだに位置する大潭灣。南は海に開け、北側は郊野公園が広がる立地をしていて、大きな入江をもつ。

▲左　もともと中環にあったという美利樓。　▲右　赤柱には古い集落があり、首都機能をおくことも考えられていた

石澳 Shek O セッオウ ［★☆☆］

香港島東南部に突き出た石澳半島。石澳という名前は、ここが石切り場であったことに由来する。香港島のなかでも歴史あるところで、古い天后廟も残っている。静かな浜辺が広がっているほか、石澳半島一帯は香港本来の自然をとどめていて、石澳郊野公園に指定されている。

Guide, Tai Tam
大潭
城市案内

CHINA 香港

香港島の中央部に
広がる大潭郊野公園
ここでは南国の自然を感じられる

大潭 Tai Tam タイタム [★☆☆]

香港島の中央東部に広がる大潭郊野公園。このあたりは香港島のなかでも手つかずの自然が残る場所として知られ、ハイキングに訪れる人の姿が見られる。またこの大潭は、北岸と南岸をわける香港島のへそにあたる要衝でもある。

**黄泥涌水塘公園 Wong Nai Chung Reservoir Park
ウォンナイチュン・レザボア・パーク［★☆☆］**

淡水の貯水池を中心に公園として整備された黄泥涌水塘公園。休日にはピクニックなど家族連れでにぎわう。香港島の貴重な水源があることから、第二次大戦中の日本軍は黄泥涌水塘を抑えることで、イギリスを降伏させた（黄泥涌山峡は島の南北に通じる戦略上の要衝で、日本軍とイギリス軍で激戦が交わされた）。

日本と
香港の
近代

1941年の太平洋戦争の勃発とともに
日本軍は香港への軍事作戦を展開した
1945年以前の日本と香港の関わり

日本軍の香港攻略作戦

1937年以来、日中戦争が戦われていたが、イギリス領香港は日本が手を出せない地であった。当時の香港は、ミャンマーとともに蒋介石のいる重慶政府への補給基地となっていて、日本には香港を占領し、その補給ルートを断ちたいという思いがあった。1941年、太平洋戦争の勃発した日、「ハナサク、ハナサク」の合図とともに、日本軍は深圳から香港へと進軍し、啓徳空港を占拠して制空権を握ったうえで九龍半島を制圧、ザ・ペニンシュラに軍司令部がおかれた。香港島で日本軍を迎え撃つイギリス軍に対して、日本軍は北角から

CHINA
香港

香港島へ上陸し、黄泥涌山峡がイギリス軍と日本軍の最激戦区となった。結果、大潭の貯水池（水の補給地）が日本軍に渡ったことから、開戦から18日間で、イギリスは降伏した。奇しくもその日が12月25日であったため、この日はブラック・クリスマスと呼ばれている。

4年間の日本統治時代

香港を占領した日本軍がまずとった政策は、香港の住人を大陸に送り、人口を減らすということだった（現在も香港は水、食料などで大陸に依存している）。香港ドルの使用は禁じら

Sheungwan　日本と香港の近代

れ、日本はその代わりに軍票を発行して流通をコントロールしようとした。日本の香港統治は、1941〜1945年の4年間であったが、そのあいだ皇后大道（クイーンズ・ロード）が明治通りに変更されるなど香港の日本化が進められた。ヴィクトリア・ピーク中腹に香港神社、忠霊塔、仏舎利塔などを建設する計画もあったが、それらは完成を見ることなく、日本は敗北した。日本の香港占領という歴史は、日本と香港のあいだに深い影を落としている。

【MEMO】

1941年
日本軍の進路

CHINA
香港

香港でペスト菌を発見

ペストはかなりの確率で死にいたるところから、長いあいだ人類を恐怖に陥れてきた（西欧では黒死病と呼ばれた）。1894年、中国雲南地方でペストが発生すると、香港でもペストが流行し、1894年の5月31日から6月7日の1週間のあいだで死者577人、治療中の患者230人という状況に陥った。日本にとって香港は大陸との交易の窓口であったことから、「香港、清国でペスト流行」という報道がされるなど、その関心は高かった。こうしたなか東京大学の青山胤通と北里柴三郎の香港派遣が決まり、ペストと見られる患者の解剖

▲左　皇后大道は戦間期、明治通りと名づけられた。　▲右　日本の軍司令部がおかれていたザ・ペニンシュラ

を青山が担当、北里は顕微鏡で検査して血清の試験をするという分業体制がとられた。この一連の作業のなかで、北里がペスト菌を発見。菌を培養して血清をつくり、それを注射することで患者は快方に向かった。こうして20世紀の香港で、北里柴三郎とイェルサン(北里柴三郎と同場所同時期に発見)によってペスト菌が発見され、ペストは終息することになった。

参考文献

『香港』(中嶋嶺雄 / 時事通信社)

『香港』(陳舜臣 / 文藝春秋)

『革命家孫文』(藤村久雄 / 中央公論社)

『香港の水上居民』(可児弘明 / 岩波書店)

『北里柴三郎』(福田眞人 / ミネルヴァ書房)

『日本占領下 香港で何をしたか』(和久田幸助 / 岩波書店)

『世界大百科事典』(平凡社)

[PDF] 香港空港案内 http://machigotopub.com/pdf/hongkongairport.pdf

[PDF] 香港 MTR(地下鉄)路線図 http://machigotopub.com/pdf/hongkongmetro.pdf

[PDF] 地下鉄で「香港めぐり」http://machigotopub.com/pdf/metrowalkhongkong.pdf

[PDF] 香港トラム路線図 http://machigotopub.com/pdf/hongkongtram.pdf

[PDF] 香港軽鉄路線図 http://machigotopub.com/pdf/hongkonglrt.pdf

まちごとパブリッシングの旅行ガイド

Machigoto INDIA , Machigoto ASIA , Machigoto CHINA

【北インド - まちごとインド】

001 はじめての北インド
002 はじめてのデリー
003 オールド・デリー
004 ニュー・デリー
005 南デリー
012 アーグラ
013 ファテープル・シークリー
014 バラナシ
015 サールナート
022 カージュラホ
032 アムリトサル

【西インド - まちごとインド】

001 はじめてのラジャスタン
002 ジャイプル
003 ジョードプル
004 ジャイサルメール
005 ウダイプル
006 アジメール（プシュカル）
007 ビカネール
008 シェカワティ
011 はじめてのマハラシュトラ
012 ムンバイ
013 プネー
014 アウランガバード
015 エローラ
016 アジャンタ
021 はじめてのグジャラート
022 アーメダバード
023 ヴァドダラー（チャンパネール）
024 ブジ（カッチ地方）

【東インド - まちごとインド】

002 コルカタ
012 ブッダガヤ

【南インド - まちごとインド】

001 はじめてのタミルナードゥ
002 チェンナイ
003 カーンチプラム
004 マハーバリプラム
005 タンジャヴール
006 クンバコナムとカーヴェリー・デルタ
007 ティルチラパッリ
008 マドゥライ
009 ラーメシュワラム
010 カニャークマリ
021 はじめてのケーララ
022 ティルヴァナンタプラム
023 バックウォーター（コッラム～アラップーザ）
024 コーチ（コーチン）
025 トリシュール

【ネパール - まちごとアジア】

001 はじめてのカトマンズ
002 カトマンズ
003 スワヤンブナート

004 パタン
005 バクタプル
006 ポカラ
007 ルンビニ
008 チトワン国立公園

【バングラデシュ - まちごとアジア】

001 はじめてのバングラデシュ
002 ダッカ
003 バゲルハット（クルナ）
004 シュンドルボン
005 プティア
006 モハスタン（ボグラ）
007 パハルプール

【パキスタン - まちごとアジア】

002 フンザ
003 ギルギット（KKH）
004 ラホール
005 ハラッパ
006 ムルタン

【イラン - まちごとアジア】

001 はじめてのイラン
002 テヘラン
003 イスファハン
004 シーラーズ
005 ペルセポリス
006 パサルガダエ（ナグシェ・ロスタム）
007 ヤズド
008 チョガ・ザンビル（アフヴァーズ）
009 タブリーズ
010 アルダビール

【北京 - まちごとチャイナ】

001 はじめての北京
002 故宮（天安門広場）
003 胡同と旧皇城
004 天壇と旧崇文区
005 瑠璃廠と旧宣武区
006 王府井と市街東部
007 北京動物園と市街西部
008 頤和園と西山
009 盧溝橋と周口店
010 万里の長城と明十三陵

【天津 - まちごとチャイナ】

001 はじめての天津
002 天津市街
003 浜海新区と市街南部
004 薊県と清東陵

【上海 - まちごとチャイナ】

001 はじめての上海
002 浦東新区
003 外灘と南京東路
004 淮海路と市街西部
005 虹口と市街北部
006 上海郊外（龍華・七宝・松江・嘉定）
007 水郷地帯（朱家角・周荘・同里・甪直）

【河北省 - まちごとチャイナ】

001 はじめての河北省
002 石家荘
003 秦皇島
004 承徳
005 張家口
006 保定
007 邯鄲

【江蘇省 - まちごとチャイナ】

001 はじめての江蘇省
002 はじめての蘇州
003 蘇州旧城
004 蘇州郊外と開発区
005 無錫
006 揚州
007 鎮江
008 はじめての南京
009 南京旧城
010 南京紫金山と下関
011 雨花台と南京郊外・開発区
012 徐州

【浙江省 - まちごとチャイナ】

001 はじめての浙江省
002 はじめての杭州
003 西湖と山林杭州
004 杭州旧城と開発区
005 紹興
006 はじめての寧波
007 寧波旧城
008 寧波郊外と開発区
009 普陀山
010 天台山
011 温州

【福建省 - まちごとチャイナ】

001 はじめての福建省
002 はじめての福州
003 福州旧城
004 福州郊外と開発区
005 武夷山
006 泉州
007 厦門
008 客家土楼

【広東省 - まちごとチャイナ】

001 はじめての広東省
002 はじめての広州
003 広州古城
004 天河と広州郊外
005 深圳（深セン）
006 東莞
007 開平（江門）
008 韶関
009 はじめての潮汕
010 潮州
011 汕頭

【遼寧省 - まちごとチャイナ】

001 はじめての遼寧省
002 はじめての大連
003 大連市街
004 旅順
005 金州新区

006 はじめての瀋陽
007 瀋陽故宮と旧市街
008 瀋陽駅と市街地
009 北陵と瀋陽郊外
010 撫順

【重慶 - まちごとチャイナ】

001 はじめての重慶
002 重慶市街
003 三峡下り（重慶〜宜昌）
004 大足

【香港 - まちごとチャイナ】

001 はじめての香港
002 中環と香港島北岸
003 上環と香港島南岸
004 尖沙咀と九龍市街
005 九龍城と九龍郊外
006 新界
007 ランタオ島と島嶼部

【マカオ - まちごとチャイナ】

001 はじめてのマカオ
002 セナド広場とマカオ中心部
003 媽閣廟とマカオ半島南部
004 東望洋山とマカオ半島北部
005 新口岸とタイパ・コロアン

【Juo-Mujin（電子書籍のみ）】

Juo-Mujin 香港縦横無尽
Juo-Mujin 北京縦横無尽
Juo-Mujin 上海縦横無尽

【自力旅游中国 Tabisuru CHINA】

001 バスに揺られて「自力で長城」
002 バスに揺られて「自力で石家荘」
003 バスに揺られて「自力で承徳」
004 船に揺られて「自力で普陀山」
005 バスに揺られて「自力で天台山」
006 バスに揺られて「自力で秦皇島」
007 バスに揺られて「自力で張家口」
008 バスに揺られて「自力で邯鄲」
009 バスに揺られて「自力で保定」
010 バスに揺られて「自力で清東陵」
011 バスに揺られて「自力で潮州」
012 バスに揺られて「自力で汕頭」
013 バスに揺られて「自力で温州」

【車輪はつばさ】
南インドのアイラヴァテシュワラ寺院には建築本体に車輪がついていて寺院に乗った神さまが人びとの想いを運ぶと言います。

・本書はオンデマンド印刷で作成されています。
・本書の内容に関するご意見、お問い合わせは、発行元の
　まちごとパブリッシング info@machigotopub.com までお願いします。

まちごとチャイナ
香港003上環と香港島南岸
～「香港のはじまり」と黎明期 [モノクロノートブック版]

2017年11月14日　発行

著　者	「アジア城市（まち）案内」制作委員会
発行者	赤松　耕次
発行所	まちごとパブリッシング株式会社 〒181-0013　東京都三鷹市下連雀4-4-36 URL http://www.machigotopub.com/
発売元	株式会社デジタルパブリッシングサービス 〒162-0812　東京都新宿区西五軒町11-13 清水ビル3F
印刷・製本	株式会社デジタルパブリッシングサービス URL http://www.d-pub.co.jp/

MP105

ISBN978-4-86143-239-2 C0326　　　Printed in Japan
本書の無断複製複写（コピー）は、著作権法上での例外を除き、禁じられています。